François-Lambert KIYONGE

Sorcellerie ou Mythologie africaine

François-Lambert KIYONGE

Sorcellerie ou Mythologie africaine

Une photo écrite de la vie africaine

Éditions Muse

Imprint
Any brand names and product names mentioned in this book are subject to trademark, brand or patent protection and are trademarks or registered trademarks of their respective holders. The use of brand names, product names, common names, trade names, product descriptions etc. even without a particular marking in this work is in no way to be construed to mean that such names may be regarded as unrestricted in respect of trademark and brand protection legislation and could thus be used by anyone.

Cover image: www.ingimage.com

Publisher:
Éditions Muse
is a trademark of
Dodo Books Indian Ocean Ltd. and OmniScriptum S.R.L publishing group

120 High Road, East Finchley, London, N2 9ED, United Kingdom
Str. Armeneasca 28/1, office 1, Chisinau MD-2012, Republic of Moldova, Europe
Printed at: see last page
ISBN: 978-620-4-96274-0

François-Lambert KIYONGE

Sorcellerie ou mythologie africaine

Une photo écrite de la vie africaine…

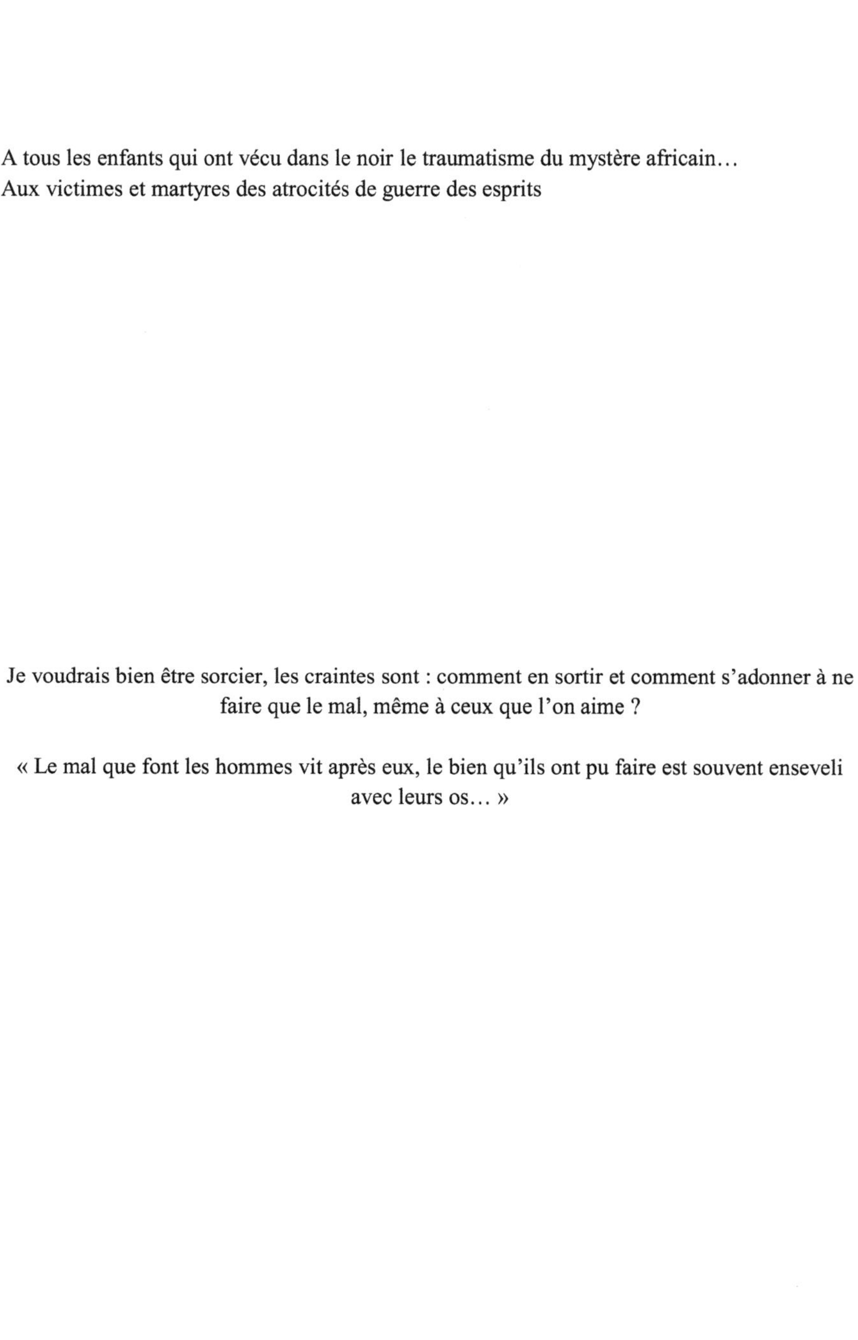

A tous les enfants qui ont vécu dans le noir le traumatisme du mystère africain…
Aux victimes et martyres des atrocités de guerre des esprits

Je voudrais bien être sorcier, les craintes sont : comment en sortir et comment s'adonner à ne faire que le mal, même à ceux que l'on aime ?

« Le mal que font les hommes vit après eux, le bien qu'ils ont pu faire est souvent enseveli avec leurs os… »

***

Nous avions deux paradigmes axiologiques différents. Lui blanc et moi noir. Pas seulement noir à la peau grisaille mais noir dans l'âme. Une âme africaine. Je parlais comme un africain et lui comme un fils brabant ou comme un sérère, un aryen. Simplement étranger à ma culture. Cette culture heureuse et trempée, imbibée dans les tabous. Il s'agissait d'un de mes maitres à la faculté des lettres. Le sujet était ''la sorcellerie''. Je venais d'écrire un poème dont il devait préfacer le recueil. Après la lecture, il me dit : « sorcellerie ? » c'est ce talent particulier à réaliser avec faste certains actes ». Il poursuivait avec ce ton rassuré d'un blanc innocent et exotique à ma culture. Il louait la sorcellerie comme un don, une valeur, une force, une nécessité. « Le sorcier est celui qui réalise avec étonnement certains arts, il accomplit avec aisance ce que tout le monde ne peut faire avec délectation... » j'étais suspendu à ses lèvres comme tout disciple non parricide ou dissident et me disais que parfois les maitres ne savent pas tout. *Je lui ai dit de vous dire que les mots peuvent se définir selon les cultures*. Je ne sais pas s'il vous l'a dit. Les mots, même arabes, allemands, grecs peuvent avoir un contenu ahurissant selon qu'il tombe de la bouche de ce griot des forêts africaines ou de celle d'un blanc de ces architectures mastodontes européennes ou américaines.

La sorcellerie : terme pour lequel chaque africain a une attitude un peu de résignation et de vaincu, terme qui suscite la peur et les chaos... on ne peut pas en parler ou en décrire les méfaits car derrière il y existe une puissance fracassante. Au congolais de dire : NDOKI, MULOJI, DOKA... à Tshibanda de dire : « je ne suis pas sorcier, pourquoi l'être ? ». Il est des mots face auxquels la société est restée impuissante des siècles et de siècles à cause des secrets ancestraux qui y subsistent. Nul ne peut les vaincre d'autant qu'ils sont des termes à la fois spirituels, rituels, socio-culturels... Notamment « la sorcellerie ». Mais pourquoi autant de drame pour une simple expression ? Nos parents nous ont dit de faire attention, nous-mêmes le disons à nos enfants et nos enfants diront à leurs enfants jusqu'à ce que ''si le monde aura une fin un jour'' ce message se percutera de génération à génération. Aux frères blancs nous l'avons dit. Faites attention avec le NDOKI. Du Sénégal au Madagascar ils savent de quoi il agit. C'est des êtres puissants invincibles, des êtres monstrueux aux formes animalesques. Ils travaillent la nuit dans le but de nuire. Ils arrachent brutalement des vies. En Afrique, nous aimons la vie, quand il y a une force surnaturelle contre laquelle nous ne pouvons rien, il faut simplement de l'inclination, du tremblement. Ça ! les étrangers n'en savent rien. Le sorcier, c'est ces vieux, ces vieilles cannibales, hématophages. Ils sont insoucieux et sadiques face à la souffrance.

Chaque famille africaine héberge un grand sorcier puissant et plusieurs petits sorciers novices. Ils sont des sentinelles de la culture et des richesses spirituelles du clan. Ils ont les secrets des paroles incantatoires des ancêtres devant leurs autels. Les sorciers ont pour mission d'ôter la vie. C'est pourquoi l'africain vit dans la clandestinité pour éviter de s'attirer les yeux de lynx de ces légendes culturelles africaines. Les sorciers sont des rois, il faut les éviter pour qu'ils vous évitent.

Ils ont la capacité de poursuivre un africain même à des milliers de Kilomètres dans le but de nuire à sa vie. Ils rendent stériles, aveugles, pauvres... Les sorciers peuvent dormir dans une maison sans que le propriétaire ne s'en rende compte.

La sorcellerie ! c'est bien si c'est un homme qui porte la semence, il a un sens d'altruisme. Quand c'est une femme hélas ! même les enfants en sont victimes. Ils ont l'art de tout voir et tout savoir. Ils ont la capacité d'invoquer une âme lointaine à obéir. Ils changent de formes : ils miaulent comme des chats, sifflent comme des serpents, prennent la peau des rats, sont des crocodiles de mer (le fameux NGANDO), sont des chiens qui aboient, des chauves-souris, des éperviers, de bourdonnement des abeilles, le hibou en colère perché sur l'arbre de nuit. Les sorciers ne veulent pas de développement, la propreté. Ils peuvent emprisonner leur proie telle une chèvre, ils ont le regard d'argus effrayants. La nuit, pendant leur voyage missionnaire, ils passent sur les toitures et regardent tous ceux qui dorment : nus, ridicules, impotents. Ils s'en moquent, se plaisent et continuent leur bonhomme de chemin. Si leur voyage avait pour destination atterrir dans telle maison ou dans tel marché : de cris étranges se lèvent pendant la nuit, des sècheresses se constatent pendant la journée, des maladies inopinées poussent de chaque corps. Leurs demeures sont souvent : les toilettes, les vérandas, sous les arbres ombrageux, sous les lits, ils peuvent entrer dans une casserole de repas ou dans les sources de rivière, la forêt ou les cimetières, les savanes ou les ravins. La sorcellerie est-elle une légende ? NON, une réalité qui a opprimé plusieurs. Possédés, malades, hantés, les uns tombent évanouis lorsque ces esprits se vengent, les autres sont frappés de démence. Ils n'accueillent pas facilement les étrangers face à qui ils opèrent impuissamment.

Depuis l'avènement de l'Eglise en Afrique par les missionnaires, le phénomène semble apparemment nous dire adieu. Quand des évangélistes se mettent en prière, ils se sentent haletants. Quand une église n'est pas puissante comme on aime le dire en Afrique, elle sera un dépôt des sorciers. Que vont-ils chercher jusqu'au lieu saint ? les uns y vont pour neutraliser les pasteurs et les prières, les autres pour y injecter les esprits de prostitution, de vol, de mort, de querelle, de division.

Les sorciers manipulent les gens à confesser ce à quoi ils ne croient pas.

Et parfois ce concept de sorcier est utilisé au deuxième sens à l'endroit de toute personne spirituellement « normale », mais manifeste des attitudes étranges, implicites ou sadiques. Peut alors être sorcier toute belle-mère acariâtre, toute femme insoumise, toute marâtre exécrable, tout enfant têtu, tout voisin envieux, toute personne de troisième âge, toute personne indifférente à la souffrance des autres. De toutes les catégories suspectes en Afrique : les féticheurs, les magiciens, les devins, ce sont les sorciers les plus dangereux.

Il est des sorcelleries conscientes et inconscientes. Ceci du moins je l'ai appris devenu grand. Mais toute autre chose, même les nourrissons ont une idée de ce que c'est. Sorcellerie inconsciente, c'est celle dont le sorcier ignore son état, mais agit sans le savoir avec une force sorcellaire téléguidée par des puissances ténébreuses. Ceux qui sont conscients deviennent difficiles à délivrer (exorciser). La puissance sorcellaire peut bouleverser plusieurs choses. Rendre mongole, provoquer la sècheresse dans nos champs, refuser à la pluie de tomber, prolonger la nuit.

Depuis que je regarde ce phénomène, je finis par comprendre que les sorciers sont ceux qui doigtent bien souvent les autres pour se dissimuler. Pourtant, le jour que l'on attrape une sorcière pour de raison diverse : « les prières puissantes, le carburant de leurs avions terminés, la malchance d'une nuit courte… » Tous, seront autour de cet être maléfique. Beaucoup lapident, d'autres c'est tuer et même faire circuler la commère pour la faire connaitre de tous. On n'écrit pas au visage que tel est sorcier et l'autre non. Pour éviter toute surprise, les parents africains interdisent à leurs enfants de manger quoi que ce soit chez qui que ce soit…

Dès lors, le professeur Adad comprit que l'Afrique était mystérieuse. Il prit d'autres attitudes face à n'importe qui et n'importe où. J'avais encore beaucoup à lui dire quand brusquement il m'a tendu un gros livre d'histoire, un peu comme pour clouer mon bec ou changer de sujet. Je voulais poursuivre quand soudain il se tint débout pour m'offrir le transport afin de rentrer chez moi comme le ciel menaçait la pluie. Je dus quand même lui signifier que pendant la pluie aussi, les sorciers circulent et que leur force augmentait en deux. *Oui, tout le monde est étranger dans la culture de tout le monde. Mais chacun sait comment il a concilié avec les monstres de sa culture.* Un jour, il voulut m'appeler sorcier et prononcer sans jeun ''sorcier'' c'est tout œil colérique qui se tournait vers lui comme pour lui demander de garder silence nonchalamment. Ainsi, blanc, avant de tout dire demandait…

Mais ces jeunes gens d'aujourd'hui, la sorcellerie ne leur dit presque plus rien. Ils veulent rompre avec notre jolie terreur culturelle. Ils épousent qui ils veulent, mangent chez qui ils veulent. Voilà cette contribution de la civilisation de l'universel ou du métissage culturel. Nos jeunes gens ont défié les ancêtres en nous libérant de ce carcan tabouisé de notre culture. Ils sont libres, en tout cas libres. La nuit comme le jour, ils sont libres.

***

***

Je solliciterai des rituels pour me délivrer de tout quelconque envoûtement. Il n'est pas prudent d'écrire sur des sujets glissants en Afrique. Je serai certainement l'un des visages étiquetés quand ces écrits tomberont malheureusement entre les mains des endoctrinés et conservateurs de notre culture. Sans doute, une phrase se crachera : « Qu'est-ce qui t'a attiré à écrire sur la sorcellerie ? » comme les lecteurs sont souvent plus doués que les écrivains, ils se posent des questions qui n'ont parfois pas encore des réponses. As-tu un jour été attiré par leur breuvage sanguinolent ? As-tu une expérience particulière sur ce sujet ? Il y en a qui, certes me regarderont de loin pour ne pas attirer mon attention, moi qui désormais porte le voile de sortilège et de sarcasme.

Tout ceci est l'expression de la sensibilité du sujet. En Afrique, la sorcellerie constitue l'un des vieux drames qui ne se parlent pas aisément publiquement.

C'est là que nous mettons en œuvre une conception dualiste de la sorcellerie. Une sorcellerie ancienne, celle qui représentait une vie monstrueuse et délicate de nos terres et une sorcellerie moderne qui représente une révolution remarquable des puissances. Même les puissances ont la raison. Capable de comprendre pour agir conformément à un monde civilisé. Un monde, dira-t-on, devenu village. De bout en bout, la culture est devenue poreuse et agit avec une remarquable résignation ou dilution de puissance.

J'avais neuf ans quand j'assistais à ces spectacles dénommés : la fête des ancêtres. C'est à ces scènes que sont exposés tous les gamins africains vivant dans le milieu rural. Tout se passe dans ce village où logeait une vieille dame au pseudonyme : foulard rouge. Elle n'avait point de champ, pourtant, dans nos villages, tout le monde est censé cultiver un petit espace pour nourrir les dieux. Pendant que chacun passait ses journées entières à labourer le sol, la vieille rodait au village avec ses ancêtres. A son passage, un long serpent s'enroulait en communiquant une telle froideur hivernale sordide. Elle offrait à la mer des sacrifices en vies humaines – petits enfants du village- qui en général étaient le mets mensuel du NGANDO, le crocodile. Un hibou qui portait son nom était juché à son perchoir pour posséder tous les coins de la bourgade. Elle avait une forme instable : tantôt vieille, tantôt jeune. Elle portait une calebasse mystérieuse contenant un tat de martingales que l'on a découvertes seulement le jour où le village en avait ras-le-bol. La mégère était une figure du village sacrée, elle ne pouvait pas être démystifiée si aisément, tout le monde savait qu'elle était la reine de la nuit. Tout décès du village n'avait pas d'autres explications à part que la petite mère a croqué. Qui ferait face à cette superpuissance ? Ni justice, ni religion, ni force populaire de la jeunesse, ni sagesse de la vieillesse. Tous étaient impuissants ou du moins, chacun s'occupait de ses affaires pour éviter de s'attirer le regard du spectre. Elle était succube pour plusieurs jeunes hommes chastes.

Il ne fallait pas passer par l'orbite démoniaque de la mégère, les deux jours suivants annoncaient un décès dans le village. Elle savait tirer ses missiles de la nuit. Une fois cibler une cabane, les pleurs doivent s'y faire couler. Au village, elle avait autorité sur tout le monde. Chaque nuit du dernier jour du mois, des rituels étaient organisés au village, et les enfants ne pouvaient pas prendre part à cette fête des ancêtres. Comme tout enfant au sang chaud, il me fallait un petit couloir pour faire le pèlerinage, aller voir c'est que l'on qualifiait de mystère des dieux. J'aperçus, au milieu de la foule, la vieille enroulée des serpents, pondre les œufs, brouter les abeilles. L'environnement prenait des colorations multiformes. Tantôt rouge, alors les voix des morts s'élevaient des cimetières pour s'endormir dans une calebasse mystique posée au coins de l'arbre sacré. Nous savions identifier les voix de nos êtres chers arrachés brutalement par la reine du village. Puis un jaune de lune triste, alors là, ce sont des langues animales qui ne devaient pas être comprises par les non-initiés. Quand la couleur noire venait, là c'était le sauve qui peut. Un tremblement de terre très violent s'irritait, des arbres tombaient dans la forêt avec un tel écho mortel. En ce moment-là, personne ne traversait le village vers un autre. Des sacrifices étaient offerts au spectre qu'on appelait le protecteur du village.

Cette vie est active à ce jour dans plusieurs villages africains. Il fallait retourner vite dans la maison parce que la vieille avait la puissance de détection. Si elle prononcait des imprécations sur un récalcitrant, hélas ! Le sort était scellé. C'était la mort. Des années passent, des générations passent et ces scènes incongrues et saugrenues ne passent pas, elles augmentent parfois leur vigueur au jour le jour. On n'a pas droit d'en savoir plus, il faut simplement prendre plaisir de les contempler. D'ailleurs, c'est ça notre force, il faut préserver les mystères…

C'est que nous savons de l'Afrique est encore moindre et c'est qui reste à savoir reste incommensurable... Il faut certes un peu de courage. Les dieux africains ne sont pas trop courtois ou protocolaires (la sorcellerie et le fétiche), ils peuvent dévorer qui que ce soit, si les intentions ne sont plus nobles. Et certains cantons sont sacrés et nul ne peut y fouler sa plante de pied.

Le noir est un être spirituel, un être dont la puissance ne se manifeste que la nuit, et dont le monde est celui de la sorcellerie. Ce monde n'est pas au noir, son monde est caché dans l'âme, dans la calebasse des chenilles, dans les cages sacrées obscures, dans les forêts qui parlent.

Le noir fait parler le hibou
Il se peut transformer en chat
Il meurt pour se réveiller des jours après
Le noir est un être magique…

Le sorcier est un dieu parce qu'il peut produire des miracles absurdes.

Avec cette force, le sorcier africain peut voyager pendant la nuit sur toute la planète. Il peut visiter la lune, il peut entrer dans l'intime secret des eaux grâce à son petit avion (un balai traditionnel) et le pipi des hommes chastes qui en constitue le kérosène. Le village avait un tel estime que tout étranger qui y arrivait était contraint d'être saint. Des caméras de surveillances made in africa étaient placées partout.

***

***

Sorcellerie ou mythologie africaine est le cri du souvenir du village, c'est le musée d'une vie secrète d'une communauté « aliénée » « sécurisée » par les puissances traditionnelles. Souvenir mais aussi un vécu quotidien permanent pour les citoyens incisés par le venin de l'africanité. Musée littéraire parce, par ce recueil, nous allons exposer des images pour faire vivre cette aura africaine. Renseignant sur le côté nocturne d'un peuple aux croyances détournées. Oui, croyances détournées parce qu'aujourd'hui, la sorcellerie est de plus en plus combattue par l'africain lui-même alors que jadis il en était ménageur.

Ce livre que nous proposons est un panorama de cris murmurants des hommes et des femmes qui subissent et ne peuvent étaler publiquement leur souffrance. La sorcellerie a-t-elle détruit notre monde noir ? Est-elle l'un des impératifs pour l'identité du monde noir ? Au-delà des considérations métaphysiques nuisibles, est-elle une protection ou une solution aux insuffisances ressenties par le noir ?

La sorcellerie est un jeu pour les uns, et parfois un héritage pour les autres. Donc, une richesse liée à la descendance. Parler aux invisibles, manipuler les dieux par l'usage des feuilles sauvages, n'est-ce pas un privilège qu'il faut à tout prix préserver ! Parler aux morts, voyager la nuit dans le vide, manger la chair humaine et s'abreuver de son sang n'est-ce pas don des dieux ? Egorger les ennemis ou nuire à leur vie n'est-ce pas une sécurité pour soi-même ? Neutraliser les adversaires grâce aux incantations n'est-ce pas se rendre libre ? La sorcellerie c'est cela… Notre mythologie. Une mythologie encrée dans l'âme. Nous avons nos dieux, nos statues qui, avec sagesse, nous parlent. Il s'agit de la sorcellerie, de la magie, du fétichisme ou de divination… Appelez-le comme vous voudrez. Mais tout enfant africain sait que c'est la sorcellerie et que chaque domaine n'a que des attributs singuliers.

Notre mythologie, contrairement aux autres, est basée sur la nuisance, le mal, l'imprécation, la mort… C'est cela. Elle est bonne pour ceux qui la manient. Bonne ? Eh bien ! ce terme peut s'avérer mal usé mais tant que l'on chérit un métier, certes, il procure quelques bons avantages. La sorcellerie nous a effrayés pendant des siècles, elle nous a vaincus, elle a dominé et a dicté la destinée du monde noir. Elle a réussi à faire croire à tout le monde qu'elle est la superpuissance, que les veines contiennent le sang avec cette information ou code génético-spirituel. Le sorcier, il faut le craindre, le fuir, l'éviter. Il est capable de surprendre.

C'est un dévoilement, la sorcellerie est la maitresse des puissances d'origine africaine. Dans nos rencontres interculturelles, nos vieilles dames doivent avoir un peu de ménagement ou de gentillesse. Pourtant, elles n'ont ni courtoisie, ni sentiment, ni raison, elles agissent en déesses, souveraines, subtiles ou imprévisibles. Ce sont les esprits qui conduisent, personne ne sait comprendre leur fonctionnement.

***

Qui est sorcier et qui ne l'est pas ?

Cette question n'a pas de réponse. Il faut prendre garde. On n'écrit pas au visage « je suis sorcier » ce qui nous situe avant de prendre le large, c'est certains actes, certaines attitudes révélatrices. A l'aide d'un certains nombres de postulats, vous êtes étiqueté et la rumeur comme une trainée court. Qui en a le thermomètre pour certifier l'existence ou non d'une sorcellerie ? Personne. Ni ces pasteurs divinateurs, ni ces grands marabouts comploteurs. Il suffit d'afficher ces indices comportementaux tenus pour renseignants, là, on en perd la dignité. Vrai ou faux. Nul n'a besoin de vérifier. Et cette trainée collée au visage produit par réaction sociale une vie de rejet traumatique et désolante.

Les témoignages renseignent que les sorciers sont des sorciers pendant la nuit. La nuit est leur monde de règne. C'est leur gouvernement qui fait la loi. Ils éclairent les ténèbres de la nuit grâce à leurs flambeaux mystiques multicolores. Quand le jour vient, ils sont le symbole même de la médiocrité. Ils sont caractérisés par une saloperie quelque peu délirante ou machinale. Ils sont aussi guidés par des discours alambiqués contenant autant d'incompris. Ils ont le secret de la vie du village ou du pays. Ils ont des martingales de travail teintés de sang humain. Le sorcier est le vainqueur de l'Afrique. Plusieurs années, il a été au centre des discours de l'âme noire. En vain, personne ne l'a vaincue. Il y en a qui pensent que c'est une maladie, d'autres c'est une vie imposée par les aïeux. Mais dans tous les cas, un sorcier est un monstre. Son monde est le cimetière, les forêts, les rivières sacrées, les grottes, l'incarnation.

Que faut-il face à la sorcellerie ?

On n'en peut significativement rien. Ni à sa diminution, ni à son éradication car elle est une richesse pour ceux qui la manient. La seule chose à faire c'est rester sur ses gardes…

***

***

Croire en/ à la sorcellerie…
C'est un vieux débat. Nul n'a su dire clairement ce qu'elle vaut tant le sujet lui-même est nausée et absurde. Entre croire à la sorcellerie qui est tout simplement l'acceptation de l'existence du phénomène et croire en la sorcellerie qui est la soumission ou l'acceptation de pouvoir des sorciers. Pour les uns, alors ceux qui ont traversé les frontières de notre terre ancestrale, la sorcellerie est une superstition, elle est une aliénation, elle est une expression des limites des esprits irrationnels. Elle est soupçon. Pour eux, cette thèse de l'existence d'une sorcellerie – puissance incontrôlable par le ratio de l'homme- est inacceptable. Cette existence fallacieuse est produit d'imagination créative de la phobie humaine. Comment peut-on commander les dieux par de simples manipulations des feuillages sauvages de la nature ? Comment les dieux supposés être bons, peuvent être socles des tragédies désolantes ? Comment un phénomène peut-il être soumis continuellement à l'incompréhension humaine ? Seulement produire le malaise ou l'incongruité ! c'est l'esprit humain qui se construit ces dieux par fantasme. Ni l'existence, ni sa puissance n'existent que par simple fascination. La sorcellerie constitue une pensée de bonté, l'extrême capacité à réaliser avec brio certaines choses. Pour d'autres, la sorcellerie est déjà le fait de nier l'existence, et la force de sorcier à ensorceler. Croire à la sorcellerie et à sa puissance d'influencer des forces inférieures est une sagesse africaine insoumise à la science moderne. Elle est cause de tout malheur, elle est relation négative entre le visible et l'invisible. C'est la conséquence de refuser de comprendre les dieux. Les sorciers peuvent tout, partout, avec tous… Ça, l'africain le sait. Mais l'homme nouveau, l'homme créé par le métissage culturel sait qu'il ne peut rien. A chacun de choisir.

***

Je ne suis pas sorcier…

Cette phrase renseigne sur la considération de ce terme. Tout le monde refuse d'être sorcier, même le sorcier lui-même. La sorcellerie trimballe une image d'une ignominie sans comparaison. Moi aussi, je ne suis pas sorcier, j'en parle parce qu'un écrivain est un photographe, il est là à reproduire, peindre la vie de sa communauté par son pinceau. Je ne suis pas sorcier. Pourquoi le serai-je ?

QUI ES-TU SORCIER ?

Qui es-tu Sorcier ?
Fils rebelle et vent de nuit
Pluie violente sous des orages bleus
Je suis l'homme aux cornes
Au cœur étranglé, âme puissante
Je suis l'éternité limitée dans ce jeu
Je suis l'oiseau de mer en flots
Le désert des terres insoumises
Je suis vague, murmure de l'océan
Ce vent impétueux et muet
Ces pas nocturnes audacieux et secrets
Ces raides miaulements de chat
Qui suis-je ?
Cette immense beauté de sirène
Cette lueur fugitive de l'aurore
Moi la sœur des ravins de savane
L'odeur des plantes noires et creuses
Je suis ces beaux morceaux de cœurs étranglés
Clé de tombes ouvertes
Je suis le bruit délicat
Ces violentes fumées
Je suis ces fleurs de brousse sans beauté
Fleur fade sans odeur
Un sordide chant de chœur des chiens
Je suis le noir de la nuit
Tempêtes aux boules de neige
Je suis duvet divin
Le cri des Bambaras et des Haussas
Ces foulards rouges au front des vieillards
Je suis l'arôme de la mort et de la guerre
Je suis le son et les fumets de forets
La prison invisible des palmiers qui dansent
Je suis la langue de statues
Sorcier, oui, ce visage monstrueux des âmes brutes
Ces vils éclats tourbillonnants
Je suis l'algue et le nid des abeilles
Ce serpent venimeux qui parle Luba
Oui, ces géants bourdonnements des ancêtres
Colère et amertume du bonheur
Sorcier, oui, je suis sorcier
Cachette effrayante et noir parlant
Nausée et mystère

Je suis le secret des dieux
Je suis l'âme africaine
Pourquoi me chassez-vous
De mes terres et champs ?
Vide, vide, je suis ce vide avide
Je suis le métal souterrain
Malheureux et ingrat
Lave du volcan de vos rêves
Je suis ce Messène tortueux
Ces tombes vides, ces fantômes affamés
Je suis la robe du diable
Voie implorante des aïeuls
Ne me grattez pas au cœur
Je suis ce trou garni
Garni de piques et de venins
Sorcier ! Oui, je suis vague de nuit
Ces instincts de mouches et d'escargots
Je suis ces créatures humaines
En forme de statue
L'écho des forets irritée
La faim d'un cœur lapidé
Enfant délaissé
Femme malmenée
Oui, sorcier !
Je suis la belle-mère opprimée
Indifférente et capricieuse
Je suis le souvenir du village creux
Son du tam-tam et du siphon
Le sordide sortilège
Le sporadique esclaffe
Je suis la petite fille effrontée
Je suis la relique désacralisée
Ma scène sorcellaire nocturne
Tel ton cœur serré de jour
Sorcier, force de la mort en grève
Etalé sous l'amas marécageux
Je suis sorcier
Un combattant hardi
Un cri vaincu insensible
Cette peur incongrue
Je suis le visage accablé
Ce monstre à la taille de mortier
Je suis cette forêt brume
L'abeille qui chante au front des morts

Tornade de la nuit quand froide est la terre
Je suis torrent, brise et foudre
Chant de nuit des cercueils des rois
Ce serpent qui siffle face aux inconnus
Je suis l'assemblée incrédule des prêtres
Cet œil qui lorgne et ne dit mot
Ce miel odieux aux allures séduisantes
Sorcier, oui, je suis sorcier
Cœur battant au rythme des mers
Pirogue vigiles des pêcheurs phobogènes
Malheur sessile des femmes des champs
Claire, flamboyante et tonique
Mes aires trompeuses et lazzis
Je te souris tels mes cœurs ouverts
Non, les proies assoiffées des griffes de lions
Lâche ces timidités d'amour ésotérique
Sorcier, oui je suis sorcier
Insatiable et gauche
Je suis ténèbres implacable
Je suis le sale venin des bouches qui sourient
Ces compagnes fougueux et culturel
Cet éternel héritage des ancêtres
Dans vos sangs j'erre heureux
Vos sangs noirs incorruptibles
J'irai sonner les cordes des panthéons
Dire votre fidélité blonde et large
A qui vous tue vous offrez !
Oui, ce sorcier au regard troublant
Corps de lâche nain petit homme
Qui la nuit se fond à l'horizon
Pourquoi me demander
Qui suis-je à longueur de jour ?
Je suis ce que je suis
Larme et sang des morts injustes
Je suis la justice des anges
Spectre aux allures de corbeau
Je suis hibou, je suis crapaud
Feuillage tremblant de casseroles
Casseroles des interdits
Je suis vampire pire que la vipère
Ce tourbillon sablonneux
Ce tourbillon vigoureux en colère
Je suis cette chaire de poule
Ce froid sous le soleil

Ces rameurs dans le champ de maïs
Je suis le petit oiseau pleurnichard
Vase de supplice macabre
Tornade des cieux infidèles
Corps enveloppé dans la beauté
Enfermé de séduction féministe
Je suis une vache femelle
Une lionne aux dents cousues
Je suis une bougie dans le noir
Je suis la calebasse des tabous
Je suis la marmite des sauterelles
Une case embrasée par les étoiles
Etoiles perdues, nos êtres chers
Sorcier, oui, je suis sorcier
Ignition d'un pauvre sentiment
Jalousie et acrimonie
Accrêté d'un regard déchainé
Oui, sorcier, je suis sorcier
Ce qui ne puis bonheur entendre
Les joies ainsi doivent s'abattre
Telles les murailles et les déserts
Je suis la peau de crétin
L'habit de léopard endormi
Le ronflement de cancre et de moineau
Oui, tout est sorcier
Ces robes vides de vie
Cette culotte sans bois
Je suis insecte dans l'ébène
Je suis insomnie tourmentante
Je suis le vomissement des pauvres
La cruauté des rois et des nantis
Sorcier ! Toi aussi, tu es sorcier

La sorcellerie et la religion

La sorcellerie et la religion
Sont-elles amies ou ennemies
L'une pour l'autre ou l'une contre l'autre ?
En Afrique, la sorcellerie et l'animisme cohabitaient
Elle aimait le vaudou et le totémisme
C'était tous des inventions du génie
Le génie de nos ancêtres légions
Nous ne pouvons parfois le comprendre
Mais devons chaque jour apprendre
L'animisme le jour, la sorcellerie la nuit
Chacun protège l'autre et le relaye
Alors tout était nui
Nul ne savait le voir ou le croire
Nos religions de la tombe et de la statue
Brisée par l'autorité dictatoriale du blanc
Nous ont privé cette harmonie de force
Que croyait-il ?
Que nos forces étaient futiles ?
Non, tout acte noir était frivole
Indigne, barbare et insensé
Ils ont brisé nos secrets sans nous interroger
Ils ont emporté les uns comme jouets
Les autres pour explorer le sens parfait
Tout parti, entre les mains des novices
Qui n'en savaient pas les bénéfices
La sorcellerie eut une compagne
La belle compagne fut la bible, aussi le coran
Que vont-elles se dire ?
L'une étrangère à l'autre !
Ainsi la guerre commence
La bible accuse la sorcellerie des maléfices
Elle l'accuse d'étrangère
Qui détrône l'autre ?
Nulle n'a envie de lâcher prise
Aux temples religieux modernes
Le prêtre s'en sert, le pasteur se serre
Elle est le socle des prophétie et d'ulcère
Pour avoir des sous
La bible dévoile le sorcier
Pourtant la nuit, le discret homme de force
Offre aux pasteurs ses dons pour quelques pièces
Dans cette unité confidente

Le sorcier du jour en souffre
Le pasteur le jour s'en frappe gloire
Le sorcier la nuit s'en moque
Quand la nuit le pasteur rampe
Le sorcier t'a soutenu o ! soutane noire
Quand le jour tu cries de rage
De ce que dans le sombre tu vives
Tel un indigne citoyen sans pouvoir…

***

La religion pure est libre
Libre du sorcier, libre de sa force
L'une défie l'autre sans craindre
L'une ennemie de l'autre sans farce
La sorcellerie tente en prudent
La religion réagit en bourreau
Toute fille de l'invisible
Se battent pour chacune sa gloire
En Afrique, la religion parle de délivrance
La sorcellerie de l'envoutement
Le plus fort assujettit l'autre
Quand la force fallacieuse des pasteurs
Tremblent devant les tempêtes des ancêtres
Là, le monde l'emporte et l'ange triste
S'en va dépouillé de son orgueil divin
En vain, ce combat des forces
Nul n'enterre sa compagne
Chacun se lève à son tour
Pour ainsi reprendre ses forces

***

Ce qui est scandaleux
La fidélité religieuse trahie
Elle va la nuit dans la grotte négocier
Les anges de ténèbres pour des exploits
Guérisons et prophéties, miracles et succès
Aussi le jour devient un dieu
Etole au cou et mouchoir en main
L'art gothique sur le pavé du temple
Ces images secrètes muettes embellissent
Le regard des prieurs aveuglés
Des cris sans las éclatants

Des joies médiocres en cadence
Des offrandes s'en coulent
Des mensonges saints se basculent
Fils du marabout, fils mascotte
Plus dans les cavernes des brousses
Non sous la honte de forêt
Les voilà prendre l'église en otage
Grâce aux serviteur envieux
Grâce aux prêcheurs avares
Impuissance corrompue…
La sorcellerie vit devant la religion
Celle-ci crie de peur toute sa vie
Religieux, soyez religieux
Sorciers soyez religieux
Religieux ne soyez pas sorciers
Sorciers ne soyez pas religieux.
Ne quittez point vos caves
Ne prêtez pas vos amulettes
Elles sont à vous, les religieux sont sous le sang
Sang de Jésus, maitres des esprits

***

Vos pommes et vos eaux
Vos huiles et vos serpents
Vos dieux et vos idoles
Vos statuettes belles de visage
Vos feuillages ordaliques
Vos vents incultes
Lâchez l'église de l'emprise malfaisante
Lâchez-nous, nous fils étrangers
Vos cavernes en fumées
Vos pas trottant en victorieux
Vos cœurs barbares et vos envies mortuaires
De vous se lâche la mort
Point de vie sous vos chemins !
Science étrangère osant bafouer le mystère
Nul ne sait ce que « je suis »
Seuls mes pauvres enfants savent ce que c'est
Etre sorcier et croire en la magie…
Fidèles bergers regardent
Tout stupéfaits s'en font
De ces scènes indécentes
Vivre la vocation hors leurs effets

Des vogues dieux africanistes
Sans être religieux animiste
La religion vaincra, de tout cœur vaincre
Ma religion, celle de mon opiniâtre croyance
Ce que « je sais » c'est cela
Ce que je crois être vrai
Nul n'a tort
Ni le religieux, ni le sorcier !
Chacun croit en ce qu'il croit être bon
Sans se faire maitre de l'autre
Croyez à ce que vous voudrez
Ce que je sais : ma croyance sublime
Je sais qu'en vous est pareil
Mais alors, vous sorciers lâchez vos sorts ésotériques
Sortez le jour pour en Dieu croire encore
C'est cela vaincre la vie

***

La sorcellerie et la politique

En Afrique
Tout pouvoir se donne
Des ancêtres qui dirigent le destin
Destin commun des nègres depuis leurs tombes
Depuis les rameurs des rameaux
Depuis la musique du fleuve
Depuis le noir du ravin, depuis les murmures des savanes
C'est l'ancêtre qui protège
Le maitre des coutumes qui ne peut offenser
Aux règles du tam-tam du village
Veux-tu le pouvoir ?
Voyager dans le noir de la calebasse
Consulter les donateurs de tout honneur
Aller dans le sacrifice sanguin
Aller dans les offrandes mystérieuses
Les ancêtres offrent le pouvoir de tradition
Ils en offrent celui des nations
En Afrique, le peuple ne donne pas le pouvoir
Il n'y a point de démocratie qu'un nègre puisse apprendre
Le peuple n'a pas de pouvoir et de puissance
Le peuple est innocent, le peuple n'en sait rien
Le pouvoir vient de la nuit
Ainsi, tout pouvoir s'exerce selon des désirs des dieux

Pouvoir de mort ou de guerre
Ainsi le jour devient un dieu
Quel est ce peuple fort
Qui offre aux forts la force ?
Non, nos pouvoirs nous viennent de la nuit
Nos rois sont imbattables
Seuls les dieux peuvent en dire un mot
Ces pouvoirs qui protègent de maléfices
Vivre le pouvoir implique ces dangers
La mort ou l'impuissance
La maladie ou l'instabilité
Tout politique africain est ancestral
En Afrique, tout est décidé la nuit
Par la sagesse des dieux
Ni le peuple, ni l'occident
Ni l'orient, ni l'argent
Nous sommes « ***ancestocrates*** »
Dans les rencontres aux champs de maïs
Ils nous parlent et nous baptisent
Oui, baptisent grâce à leurs dieux
Ces ancêtres mystifient l'homme du pouvoir et le sacralisent
Car le pouvoir est un mystère, il est un sacre
Dans la calebasse bouillonnante
Sous les feuillages noirs du cimetière
Ces rituels donnent le pouvoir et la puissance
Ces rituels donnent l'envie du mal
Ils préservent la vie, arrachent l'humanité
Nos pouvoirs ne sont point en ville
Ils sont auprès des vieillards imberbes
Ces nains en canitie ou chauves
Ces mères nues sur la mer
Nos pouvoirs sont sur la canne des aveugles
Sur ces vieillards à la peau grise
Pauvres au visage et gardiens des mystères

***

Tout pouvoir se donne
Il s'exerce non par des théories des sciences
Il s'impose grâce à la force défunte des aïeuls
Tout pouvoir est accompagné des esprits
Esprits du village qui ne peuvent s'enfuir
Ce sont les serpents, les Mukishi et les Pilo
Le pouvoir s'en va lorsque contre ces dieux l'on tourne

N'abandonnez point vos souches
Origine de toute gloriole
Les urnes nous trompent
Les ancêtres s'en chargent
Le pouvoir vient de la nuit
Il est le don des divins
Il dépérit au temps voulu
Non par le peuple mais par les donneurs
Le pouvoir vivra tant qu'ils voudront
Nos rois sont des dieux
Ils mangent avec les morts
Et dorment en paix aux ongles des spectres
Ils sont des monstres
Seul l'africain authentique sait le voir et le croire
Nos pouvoirs sont sorciers !
Ils sont ésotériques
Comment peut-on conduire un sorcier sans l'être
Nos pouvoirs rendent parfois miteux et mythique
Tout pouvoir africain craint le pouvoir de la nuit
Le sorcier ?
Oui, il est le maitre des pouvoirs
Nos pouvoirs sont indécents
Ils sont exercés au clair de lune
Les hommes n'en décident rien
Nos ancêtres en guident tout
Les non-sorciers ne peuvent y vivre
Vivre le pouvoir, c'est être prêt à la mort
Seuls les morts maitrisent le pouvoir
Il est sanguinolent, il est brut
Il est insouciance, il est troisième œil du corbeau
La politique est la fille du sorcier
Tout soir l'un nourrit l'autre
Puis le jour ils se nourrissent
Ne nous appelez point dictateurs
Nous ne sommes point dans la science de lumière
L'africain n'a pas de cité à démocratiser
Nous sommes conservateurs amoureux de nos cultures
La sorcellerie se rie de tout pouvoir sans son pouvoir
Elle se rie de tout cri qui crie à son passage
Cri strident ou cri ramollie
Tout sorcier se nourrit des cris de son peuple
Allez dans vos démocraties enjoliver vos cités
Lâchez nos vieilles tyrannies nous conduire au nid
Où tout africain vit pieux et heureux

Pouvons-nous nous défaire de cette vie sorcière ?
Donnez-nous encore un autre siècle pour combattre
Je ne dis pas que ça ira
Je dis laissez tenter la vieillesse des dieux
Nous vivrons politiques et sorciers…

***

Si vous apprenez la théorie
Il n'est pas question en Afrique
Si vos ans sont sacrés pour les sciences
L'africain se contente de son initiation villageoise
Quand se lèvent les disciples de nos dieux
Fougueux ils parlent
Alors tout regard précieux admire les foudres de son savoir
Nous n'avons point besoin de vos sciences
Nos dieux nous prêtent leurs sciences
Quand ces fils héritiers du mystère parlent
Tous béants admirons sa sagesse prémonitoire
Ces flammes de feu lâchées par sa bouche envoutée
Se répand dans les cœurs et l'hémicycle
Nul ne peut dire non
Ses oracles sont tels des foudres
Car des forces invisibles tels des vigiles
Injectent la léthargie
Parlez, nul ne vous contredira
Frères, ne voyez pas ce peuple simplet
Il est soumis aux forces ténébreuses
Quand son maitre parle
Il ne peut rien dire
Tel est le respect pour les dieux
Telle est la puissance de leur parole
N'avez-vous point entendu ?
En Afrique, la parole a une force
D'accomplir des mystères
De rendre las et lâches les monstres
Nos politiques ne sont jamais seuls
Qu'ils parlent ou voyagent
Nos dieux les entourent telles des nuées invisibles

***

La sorcellerie géronte

En Afrique, tout vieillard est sorcier
Les plus victimes de l'étiquette sont les femmes
Les sorciers sont dans la peau usée
Cette peau immortelle qui porte des secrets
De sa vibrante sagesse
De son expérience langoureuse
Lâche des oracles irrésistibles
Toute parole de vieillard se vit
Quel pouvoir s'attache à sa langue de feu !
Cette bouche aux odeurs nauséabondes
Les vieillards perdent la vigueur
Des actes ou parfois de parole
Ils font à leur tête et ne regardent pas en arrière
Face à ces fourberies
La jeunesse n'en revient pas
De qui naissent ces vies contradictoires
Tantôt sage, tantôt médiocre
Tantôt avisé, tantôt surprenant !
Ce vieux est la valise du diable
Il est le vase des puissances
Par sa peau qui fane
Par ses yeux atrophiés
Par ses trois pattes chancelantes
Ce vieux nous offre des spectacles affolants
Par sa gourmandise pittoresque
Par son paraitre théâtral
Ce vieillard cause avec les esprits
Par son silence utopique
Par ses somnolences incontrôlées
Par ses murmures ingrats et ses désirs du bonheur
Par ses cris de la nuit, ses maladies infinies
Le vieillard est le socle des esprits
Par ses rêves de la mort
Par ses aventures ambigües
Ce vieillard est le temple de la mort
Vas vers la cité des morts te reposer
Tels sont les mots de ces jeunes imbus d'orgueil
Pas d'amour, pas d'estime
Tout mort de famille
Tout malheur du clan
Pas de peine à chercher la cause
Le vieillard est le masque des sortilèges

Il est le canal de tout sort agaçant…

***

Tout vieillard visiteur de la culture
Attaché aux coutumes tel sachant un secret
Il est là, à donner des ordres
Qu'il faut suivre à la lettre
Au deuil ou aux cérémonies coutumières
Faites, ne faites pas
Allez-y, ne touchez pas telle plantation de café
Comme guidé par un être invisible
Qui dicte ce qu'il faut ou pas faire
Tous s'inclinent à sa rencontre
Les vieillards sont les gardiens
Gardiens de nos dieux et de leur mystère
Les vieillards sont les sentinelles de nos cultures
Ils sont des caves où reposent nos forces

***

Autour du feu
Le voilà au milieu de sa descendance
Larguer des historiettes romantiques
Tel un maitre de littérature
Sans dent, chevelure aux couleurs des anges
Réchauffant sa peau éreintée
Vous emballe à la manière d'un orateur
Il n'a point étudié
D'où lui viennent ces inspirations profondes !
Des intrigues d'une éducation de noble
Nos vieillards sont des grottes où se cachent notre histoire
Ils en savent tout, ils n'en peuvent rien…

****

Nos vieillards sont des médecins talentueux
Ils regardent nos forêts
Ils regardent chaque feuillage
Ils regardent chaque racine et chaque fruit
Pour des mélanges pharmaceutiques…
Ils guérissent des maladies mortelles
Pendant leur sommeil, ils voient tel un devin
Un prophète ou un charlatan

Venir ses vieux ancêtres
Qui guident sa vocation curative
A forger des antidotes
Bien puissants qu'une maladie n'en tient
Ces vieillards sont un canal entre les vivants et les morts
Ils sont sorciers
Ils sont attachés à leur pipe et à leur champ
Ils ne peuvent à l'église s'en aller leur temps perdre
Ils savent que la tradition est plus forte que la religion
Ces vieillards qui nous déversent ce regard de maléfice
Vous convient aux séances d'initiation nocturne
Ils sont sorciers
Leur son d'éclats de tonnerres
Des oracles vaillants
Ils connaissent les saisons et leurs enjeux
Ils connaissent les peuples et leurs dangers
Nos vieillards sont sorciers
Sorciers du jour et de nuit
Qui ne sait pas ?
Qui n'a pas crié d'effroi ?
Face à ce visage fatigué au bout du chemin !
« Sorcier, il me fera certainement du mal
Avec son regard spirituel puissant
Il me lâchera des imprécations
Oui, nos vieillards sont sorciers, ils sont médiums
Sorciers du jour ou de la nuit...

***

La pédosorcellerie

En Afrique, tout pauvre est sorcier
« Tout africain serait sorcier »
Hélas ! les plus nantis sont épargnés
Tout orphelin est la cause de la mort des parents
Nos tantes sont drôles, nos oncles sans amour
« Je ne suis que fils de ta sœur,
Je ne suis que fille de ton frère »
Notre fraternité clanique panique
Quand un cauchemar glisse dans sa nuit
Le voilà le matin plein de fureur
Avec des discours proverbiaux indécents
« Vous ne me tuerez pas
Comme vous avez tué mon frère »

Quand un chat miaule
Tous les regards sont tournés vers le petit démon
Parce que sans parent, il est le symbole de la mort
Quand un hibou hulule au crépuscule
Tous les regards sont sur le petit Yatima
« Je ne suis pas sorcier »
Cette phrase silencieuse et malheureuse
Se fait suivre de goutte des larmes
Toute la famille de l'oncle te regarde à distance
Nos oncles sont injustes
Nos tantes sont sadiques
Point de repas pour le petit sorcier cannibale
« Il mange la nuit, il est heureux autour des dieux »
Alors son corps se dissout telle une gamme de sel
« Voilà comment il maigrit à force de manger la chair
Chair humaine et boire le sang innocent
Tu mourras, tu ne nous tueras pas… »
Des discours impitoyables coulent
Pour pousser au bout le petit bonhomme
Les enfants sorciers n'ont point de mère
Les enfants sorciers sont les délaissés de la guerre
Pauvres au visage, ils sont l'image sorcière
Il faut bien prier
Pour qu'un rêve de la mort ne se raconte un matin
Toute la caverne se tourne vers le petit démon enfuit en lui
Tous travaux domestiques en sa charge
Tout commerce ambulant au dos du pauvre
Il n'a point une autre vie hors de la souffrance
Les uns suffoquent, les autres minorent
Ceux qui suffoquent s'enfuient pour aller faire la vie « ailleurs »
Les uns à la rue, les autres aux cimetières
Sur la tombe de leurs géniteurs
Il y en a qui se pendent
Se pendent de souffrance
Il y en a qui s'endorment affamés
Ils grincent les dents des jours et des jours
Tel avoir contre le bon Dieu péché
Ceux de la rue finissent par être sorciers
Alors que ne l'étant pas au départ
Alors l'hypothèse de la tante se justifie
Elle est fière d'avoir dit la vérité
Un destin est heurté au désespoir
Et tout orphelin vivant ces vies est malheureux
Il n'a pas de soutien, ni de ces chrétiens imbus

Ni de ces pasteurs oints et puissants
Ni de ces membres de famille qui défilaient sous le toit de son père
Il y en a par magie qui vivent
L'espoir au cœur et aux yeux l'épine
Il décide de ne point partir
D'être humble au bout
D'accepter le tout
De réduire la teneur de la peine intérieure
Poursuivre le chemin du bonheur dans son cœur
Avec ses oreilles châtiées
Son âme martyrisée
Le bon Dieu étant l'élève
Au fil du temps le langage change
Un oncle ridicule, une tante malhabile
Le petit sorcier est délivré par l'avoir
En Afrique
Les orphelins prospèrent de manière miraculeuse
Les voilà qui scolarisent les nouveaux petits orphelins
Les chérit et les soutient
Dans leurs tombes honteuses
L'oncle et la tante s'en meurent encore
Ils ne sont pas sorciers
Etre orphelin ou pauvre
Ne nous met pas au cœur le hâve
Il est possible d'être un havre
L'Afrique n'a pas d'autres mystères
Quand tout est au rabais
Le doigt cherche le sorcier
Ces jeunes vivent la colère
Ils ne sont pas sorciers
La vie ne mène pas la sorcellerie
A la porte du pauvre
Etre aimant, être aidant
Hélas ! avez-vous constaté les hostilités sorcières ?
Conduisez-le en délivrance
Ne le faites pas vivre le volcan
Par simple haine avec bouc-émissaire « la sorcellerie »

- Ne ris pas !
- Ils ne sont pas sorciers

Ne poussez pas dans votre sorcellerie
Ces jeunes à la sorcellerie
Ne poussez pas dans votre cœur gros
Ces bambins innocents à être grossiers

- Sais-tu ma tante ?

- Ton aire grincheux nous a pourri la vie
- Ils ne sont pas sorciers
- Les as-tu à la rue déversés !
- Sais-tu mon oncle ?
- Ne ris pas
- Ils ne sont pas sorciers
- Ils ne l'étaient pas
- Ils le sont à cause de vous

Savez-vous ce qu'ils vivent la nuit
Aucun cas !
Votre descendance est grande
Pensez à vos arrière-enfants
Ils pourront vivre cela
Ils ne sont pas sorciers
Du moins ils ne l'étaient pas...
Si tu ne peux les aider
Du moins ne les raide pas
Reste calme
Ne calomnie personne
Pour de la responsabilité te tirer
Le monde est plein de charité...

***

La puissance de la sorcellerie

La sorcellerie est une puissance
Cette puissance spirituelle de nuire
Nuire aux hommes, nuire aux femmes
La sorcellerie pendant la nuit
Médite des hécatombes pour toute la cité
Parfois pour certaines vies
La sorcellerie est l'art de la méchanceté
Détruire dans l'insouciance
Grâce à ces ramées sauvages
Inhibées dans cette eau de rivière
Ces liquides noirâtres aux vertus de la mort
Le sorcier ne peut rien sans sang
Il tue par son miroir nocturne
Miroir aux écorces d'arbres sacrés
Avec son athamé burlesque
La sorcellerie s'en rit du bonheur
Elle ne peut le vent de bonté voir éclore
Elle est l'apologie du mal

Le son de la souffrance
La plaidoirie de la pauvreté
La sorcellerie est un cri
D'une femme nue qui déshabille le monde
Elle est la stérilité provoquée par des incantations
Elle est la résistance à la guerre
Elle est la mort hâtive et précoce
La sorcellerie est un bruit
De la guerre entre les bêtes sauvages
L'écho d'un cœur tortueux
La sorcellerie est le sang qui git
L'envoutement qui berne les horizons
Elle brise la sagesse et rend simplet
En Afrique, la sorcellerie n'est pas beauté
Elle est laideur et médiocrité
Elle est l'amour des ténèbres
Elle est le miaulement nocturne des chats
Elle est les pas trottant des invisibles sur les toits
La sorcellerie est tout fait salopard
Elle est le jet des maladies incurables
Elle est voyage au clair de lune
Elle est pouvoir de soumettre le monde
La sorcellerie est le rêve du règne du diable
Elle n'est pas zéphyr du soir
Elle est ce vent maladif
Elle est ce chant du coq au milieu des serpents
La sorcellerie n'est ni gloire ni gloriole
Elle est honte et ridicule
Elle est malheur de l'écho sismique

***

Elle est incarnation
Du cancre lambiné aux yeux humains
Elle est le hibou perché au trône de la nuit
Elle est cri contre la vie
Elle est brouillard qui annonce le déluge
La sorcellerie en Afrique
N'est pas sagesse et victoire
Elle est vol et viol
Banditisme des lorettes
Elle est ce son hallali
Elle est ce rat essoufflé au coin de la maison
Elle est cet insecte immortel

Elle est le rêve des forêts aux bruits de l'enfer
La sorcellerie est l'achat de la sécurité
Capacité de vivre libre le jour
En Afrique, vivre longtemps est utopique
Avoir des postes de décision au travail
Reste chimérique
Ainsi la sorcellerie est l'élévation
Elle est le sourire devant le vide
C'est soliloquer face aux moineaux
Elle est tout objet incarné
En Afrique
Tout objet peut porter un pouvoir
La sorcellerie est ce vent doux et agressif
C'est cette chaleur du soleil brisant
Ces récoltes champêtres éphémères
Elle est ce vol mystérieux pendant la nuit
Elle est ces rêves inouïs
Elle est cette sagesse désorientée
Elle est ces métiers futiles imposés aux adolescents
La sorcellerie n'est point la liberté
Elle est limite spirituelle et physique
Elle est esclavage au bien des maitres
Elle est emprisonnement
Elle est barrière au chemin du bonheur
La sorcellerie n'est pas bravoure
Elle est cœur méditatif pessimiste
Elle est signe aux murs et aux pavés
Elle est symbole inculte et succube
Elle est les yeux foudroyants de l'incube
Elle est symboles aux vêtements des vaincus
Elle est signaux aux portières des maisons
Elle est voyage de la nuit
Elle est ces amulettes aux yeux des novices
Ces objets négligés, rejetés
La sorcellerie est croyance aux forces des dieux
Elle est éclat fugitif des tonnerres
Elle est ces foudres qui grondent sans pluie
Elle est pluie torrentielle
Elle est nuit au milieu du jour
Elle est jour au milieu de nuit
Elle est ce serpent qui siffle sous la civière
La sorcellerie est le kaolin extrait des rives
Elle est sable qui tombe dans la tombe
Elle est l'œil mystique au milieu des pleurs

Elle est ce vent silencieux autour du cadavre
La sorcellerie n'est pas compassion, n'est pas sentiment
Elle est ces larmes tristes aux joues du défunt
Ce sourire lazzi d'une amoureuse sirénienne
La sorcellerie est silence aux bords des fleuves
Elle est vacarme incongru du vent
Elle est ravin obscur des villages hantés
Elle est guerre nocturne face aux inconnus
Elle est la reine du crépuscule et de l'aurore
La sorcellerie est africaine
Elle est dans nos sacs cachés
Elle est l'arsenic au cœur des bruts
La sorcellerie est l'acceptation de vivre
Cette offrande personnelle donnée aux esprits
Elle est ces ondes invisibles et neutralisantes
Elle est ce noir invisible dans lequel on se retrouve
Elle est la vieille dame incorrigible
Elle est ces forces féminines qui domptent les époux
Elle est prison embouteillée
Elle est cette autorité mal placée
Elle est agression des femmes ou des enfants
La sorcellerie est l'avarice démesurée
Elle est cet orgueil opiniâtre
Elle est ce narcissisme défiguré
Elle est antidote pour toute célébrité
Elle est ingratitude de la jeunesse face à la vieillesse
Elle est méchanceté de la vieillesse à la jeunesse
Elle est ces boules de feu autour des herbes
Elle est ces lumières sataniques sur l'autel
Elle est le noir au cœur des jaloux
Le sorcier est l'inconnu sur nos chemins
Le sorcier est ce voisin insoupçonné
Le sorcier est ce langage libre opprimant
Le sorcier c'est vous-même dans la dimension méconnue
Je ne suis pas sorcier
Tout est sorcier
Toute hostilité est sorcellerie
Reculez pour dévoiler ce secret silencieux

***

Les temps

La sorcellerie dans le cercle de l'horloge
La sorcellerie dans les circonstances de la vie
Se préfèrent des heures précises
Elle se voile pour se priver le regard des impies
Ceux qui crient dans la rencontre avec elle
Les jours et la nuit sont pareils
Ils ont des heures sacrées
Qui ne peuvent être dévoilées
Mais les sorciers sont aussi secrets
Secret indiscret dans le cœur humain
Ils ont deux cœurs
Ce cœur animal brut
Ce cœur humain fort
Quand à minuit, il pleut encore
Ils tournoient les vils ossements crus
Dans vos lits restez chanter vos chœurs
Le crépuscule est son heure légale
De tout mettre en place
Ainsi embarquer au fruit de la nuit
Quand toute silencieuse la nature impressionnante
S'endort comme un homme
Alors des tests s'élèvent de là et d'ici
Voir si vous couchez vos oreilles au loin
Alors des alarmes qui s'éveillent de cités sacrées
Soulever les Reines et les Rois de la nuit à leur course
Libérant cette fraicheur amoureuse
Tout calme, tout doux, tout autour
Alors s'apprête le voyageur dans son coin
Rejoindre la horde sans penser à l'amour
Le voilà sifflotant au milieu de la nuit
Caché par les bruits des chats et ceux des chiens
Tournoyer dans leurs sites touristiques
Lâcher l'arsenic dans les pots de vin
Une heure avant le milieu des jours
Une heure avant le cri ésotérique final
Là se lancent danse et cadence de toute forme
Dénudées singulières, elles dansent envoûtantes et belles
Lumineuses et éclatantes jouissent la vie la nuit
Autour de ces heures, le monde est calme
Les rêves sains, les monstres s'abreuvent encore
Quand se larguent les flèches aux heures
Amies et voisines du crépuscule

Quand alors le calme domine l'existence
S'en vont de toute part des signaux
Annoncer l'hécatombe du monde
Là alors s'ouvrent les vagues des cauchemars
Là se larguent les paquets de pandore
Là s'offrent des pièges de rechute
Là s'enflent les colères des méchants
C'est après leurs danse et leurs breuvages
Que viennent les rites de nuisance
Nuire les justes et effrayer le Christ
Ces heures de nuits sont sacrées
Elles ne peuvent s'endormir sans scène
Elles contemplent s'agiter ces vieilles légendes
Quand les flèches se pointent à tinter
Vingt-trois
Vingt-quatre
Toutes ces heures sont remplies de maux
Une heure
Deux heures
Toutes ces heures sont emplies de colères
Trois heures
Cette heure est celle d'être aux aguets
Les précipitations, la mise en place
Quand quatre heures sonnent
Ils sont dans leurs huttes
Tel de rien n'était
Ainsi, le jour, ils manifestent étrangement
Cette gentillesse à l'endroit de leur victime
En Afrique
Toute bonté matinale rencontrant un cœur écœuré
Se regarde toujours avec un œil divin
Le jour, vers midi, il est dit :
« Tout sorcier doit être serein
Tout sorcier doit avoir sa deuxième nature prête »
Ils peuvent créer des accidents
Ils peuvent accomplir les projets de la nuit
Dans ce monde, il n'y a pas de fatigue
Le jour l'est en éveil
La nuit l'esprit au travail

***

La sorcellerie se rit des malades
Elle s'en moque des orphelins

Toute circonstance peut être agréable
D'agir en silence sans éveiller les hypersensibles
Le sorcier est dans le cri du malade
Il est dans le cœur de l'amoureux
Il est dans l'âme de la vierge
Il est dans le chemin du travailleur
Chaque jour ses sollicitations
Tels des tintamarres raisonnent dans nos mémoires
Débarrassez-vous de ces imaginations troublées
Les sorciers nous parlent par le vent
Ils nous envoutent de ces dures paroles
Quand au mal nos cœurs sensibles sont

***

Les actes sorciers

Tel le prêtre dans ses oraisons
L'on sait voir le pasteur dans les prières
Telle cette prostituée qui trompe son amant
L'on sait voir ce voleur au coin du chemin
Telle la fatigue du voyageur
L'on sait voir ces maitres de nuit
Ils sont las écorchés à leurs grabats
Grabats de souffrance et de pêcheur
Le sorcier tel ce cordonnier
Accroché à sa chaussure délavée
Se contemple dans ses actes affreux
Ils sont cannibales
Ils mangent et boivent
Ils sont ces sportifs audacieux
Qui jouent avec le serpent
Caressent son venin sans peur
Le regardent en souriant
Les sorciers parlent aux serpents
Ils se disent des secrets
Ceux-ci envoyé de ceux-là
Ces serpents qui s'enroulent sous nos tables
Ces serpents silencieux, qui missionnaires vainquent
S'enroulent dans nos valises closes
Tournoient la nuit au lit des inconscients
Lâchent leurs anathèmes méticuleux
Il est le maitre des animaux sauvages
Tout animal peut être un intrus dans nos vies

Les insectes errant aux heures fixées
Des mouches qui se couchent dans les casseroles de viande
Ces abeilles qui avortent sous l'assiette de nourrisson
Le sorcier est un metteur en scène majestueux
Il se peut couper la langue puis renouer
Il se peut crever un œil puis le replacer
Il peut tuer l'innocent puis le ressusciter
Il se peut couper le doigt puis le refixer
Il peut sur les clous marcher sans plaie
Le sorcier est un dieu
Son regard agressif et terroriste
Nous abat sur nos chemins
Il n'est pas si étrange de le voir
Le voir et le sentir
Son regard foudroyant et méchant
Le sorcier est un assoiffé du mal
Il se nourrit la nuit de nos cris
Il tord le cou du dormant en souriant
Pendant ces cris, le voilà prendre plaisir à la musique
Oui, le sorcier est un sorcier
Il n'est pas un père
Il n'est une mère
Le sorcier n'a point d'amour
Il n'a pas un cœur humain
Son cœur est surhumain
Dans leur réunion nocturne
A eux de choisir la prochaine proie
Enfant du village
Epoux audacieux
Les amputent la vie des héros
Ils n'ont pas envie d'un dément
Ils écorchent la vie des humbles
Ils privent la vie aux clairvoyants
Ils ôtent la joie des amoureux
Par des querelles médiocres
Ou par une stérilité ignoble
Par une pauvreté amère
Ou par une infidélité inculte
Le sorcier est un sorcier
Il nous injecte des pensées négatives de la vie
Nous maintient dans l'esclavage et la médiocrité
Le sorcier est sorcier
Il n'a point d'ami
Pour ainsi ménager son amitié

Il n'a pas de cœur au souvenir
Il n'a pas de regard au bonheur
Tout homme peut tomber sur son piège acre
Le sorcier est sorcier
Il a son regard indemne
Il a son œil qui sonde
Il peut voir les villes lointaines
Il peut voir les neveux heureux
Cet esprit de contrôle en Afrique
Permet aux sorcier de voir tout de nous…
Pendant leur réunion de la mort
Une reine est souvent perchée au trône
Des rituels divers se déversent
Tout nus, les voilà tourner autour de l'arbre sacré
Les sacrés sont parfois les peaux des lions
Ou la langue de corbeau
Maquillé du kaolin blanc des mers
Ils chantent et larguent le malheur
Ce lieu est sacré
Le jour comme la nuit
Il y a des gardiens des dieux
Ils errent autour chasser les prieurs
Les statues et amulettes restent muettes
Le vent se lèvent au nord
Le vent se couche au sud
Pendant ce culte sacré
La musique folklorique se déchainait
Les langues inconnues se lâchent
Oui, la glossolalie ou la xénoglossie
Il y en a qui parlent perchés aux arbres
D'autres s'enroulent tel des vers de terre
Les sorciers sont sorciers
Des peines se prononcent contre l'indiscret
Et les malheurs s'abattent sur les siens
Ces réunions au goût du sang
Chacun sait désormais son morceau
Tel est gourmand des crânes et des doigts
L'autre est l'amoureux de sexe et des foies
Tel se réserve le droit de brouter les croupes
L'autre s'offre volontiers les jambes et les bras
Le temps de repas est sacré
Le temps de danser est amusant
Le temps de décision est serré
Le temps de mission est hargneux

Chacun sait ce qu'il doit à l'assemblée
Le jour suivant, les rapports doivent se donner
En Afrique, notre Afrique
Tout ne passe pas, tout demeure
Depuis nos ancêtres jusqu'au jour où nous serons des ancêtres…

***

Les accoutrements dépendent de saison
Tantôt ce ventre nu
Tantôt tout le corps dénudé
C'est une identité le jour
Que d'avoir tel signe ou tel habit
Même les sorciers visiteurs s'en rendent compte
Notre fraternité est orientée par ces signes
Un inconnu ne va pas vers un inconnu
Il est toujours un leurre
Les sorciers entre eux
Les chrétiens entre eux
Les voleurs et les prostitués se reconnaissent
Les buveurs et les fumeurs s'unissent
Les menteurs et les médisants se serrent
Sans mot dire, notre paraitre parle
Ainsi chaque homme s'identifie à tel homme

***

L'habit de fête est souvent celui de deuil
Non, les sorciers savent distinguer
Dans leur réunion nocturne
Chacun se munit de ses tenues mystérieuses
Pendant le jour, des morceaux de tissus
De plume ou de poile
Un rouge ou un noir nous parlent
En Afrique, tout habit a son maitre
Ces collants sexuels des femmes légères
Ces chapeaux de léopard pour un féticheur ou un devin
Ce pantalon ample pour enseignant
Ces larges décolletés pour les filles de joies
Ces échardes incurables pour ce petit mendiant
A chacun son habit, à chaque habit sa dignité

***

L’envoûtement, l’emprisonnement

Parfois le sorcier est un soldat
Il a pour mission d’envouter ou d’emporter
Envoûter c’est charmer ou séduire pour vous ?
Pour nous, envoûter c’est rendre niais, simplet
Par des astuces métaphysiques
Projeter des rayons spirituels ouatés
Pour dominer l’esprit errant
Envoûter est le canal pour posséder
C’est une communication des forces invisibles
Qui visent à déstabiliser l’équilibre
Afin de réussir à manipuler
En Afrique,
Le sorcier peut envoûter de manière diverse
Par la beauté féminine inconditionnelle
Par des dons matériels surprenants
Par ce regard saisissant hardi
Par ces mets concoctés par la main de sirène
Par le jet des rêves cauchemardesques
L’envoûtement se fait par un sexe éblouissant
Par le vol d’un habit ou d’une pièce de monnaie
Par un sourire saugrenu
Par des éclats de tonnerre pendant la pluie
Quand on voit un serpent fugitif qui sourit
L’envoûtement est l’art de rendre pauvre
Sans force et sans dignité
Il y a de l’envoûtement collectif et individuel
L’envoûtement plus usuel est celui des femmes
Tournoyant leurs croupes tel le rebondissement volcanique
Tournoyant leurs yeux telles les lumières fugitives de foudre
L’envoûtement des femmes est parfois irrésistible
Quand, au lit elle vous pique un morceau de tissu
Quand extasié, elle vous rase une portion de tête
Quand murmurant, elle vous ôte quelques poils pubiens…
Le jeu est joué, on est à la merci des sorciers
L’envoûtement se délivre parfois
L’envoûtement est le jet d’excréments devant la maison
Il est l’errance des esprits autour du désiré
L’envoûtement mène à l’emprisonnement
Enchainé dans l’au-delà telle une chèvre lassée
Induit dans une bouteille de vin
Perché sur l’arbre sacré
Errant au champs de maïs ou de riz

Le sorcier a sa prison dans le monde des esprits
Quand dans sa prison une âme git !
Le destin humain compromise
Les limites de la vie sont tracées…
Les prisons sorcières commanditent
Ce qu'il faut faire ou non
Tel n'aimer que la bière
Etre encré dans la polygamie
Aimer le célibat à vie ou se verser dans l'infamie
Etre prisonnier c'est vivre roturier et langoureux
Voir un destin obscurci par les esprits
Etre incapable de prendre sa vie en mains
Les prisonniers ne vivent pas leur vie
Ils sont téléguidés à vivre selon les esprits
Prêt à faire le mal et ne rien comprendre
Prêt à admirer sa médiocrité
Prêt à applaudir son humeur déshumanisée
En Afrique,
Les prisons de justice peuvent être libres
Mais les prisons des sorciers débordent
C'est être enroulé sous la terre
Destiné à la mort

***

Ces pièces d'habit violentées
Sont au cou d'une figurine liées
Sur laquelle on verse le sang
Sur laquelle on pique des aiguilles
Mais n'en peut rien
Ces amulettes cachées sous la tombe
Elles sont cachées au milieu des branchages

***

Occultrum

Les rituels sorciers ne se font pas dans la rue
Ils doivent au lieu secret se cacher
Pour un enchantement paisible et discret
Il se peut dans une chambre noire
Ménager tel dans un repaire d'enfer
Large pour accueillir bon nombre de malheureux
Ses lumières multicolores rouges ou noires

Sont posées sur des murs frais
Ses lumières sont des bougies de magie
Pas de lumière de soleil ou de lune
Cela est contre nature
Le noir est le point de base
Par lequel toute incantation attend réponse
Ce pentagramme est une Etoile impérieuse
Semblables aux cinq branches présocratiques
Le feu, l'eau, l'esprit, l'air et la terre
Son autel est orné tel celui de nos temples
Des baguettes placées en ordre indiqué
Des bougies puissantes au pied du pavé
Un couteau minuscule n'y manque pas
Il s'agit de l'athamé
Qui trace le cercle de jeu et des incantations
Transporte l'énergie de vie
Un grimoire est le livret secret
Où sont écrit ces faits de nuits
Son nom sorcier, la pseudonymie n'est pas que littéraire
Où se racontent des exploits et ses plans
Le grimoire est individuel et nul ne peut l'ouvrir
Tel le mystérieux livre de vie apocalyptique
Le trône n'y manque

***

Des rivières sacrées sont des lieux mystérieux
Avec des cris terrifiants venant du néant
Les forêts des bois sont des cimetières de vie
Où l'on parle aux arbres et aux lions
Les savanes sèches du soir
Ces toilettes externes visitées des chats
Non, aucune science ne peut dire ce que c'est
Sur les carrefours fréquentés de la ville
Dans les marchés des tomates et des piments
Dans les stades sportifs ténébreux
Dans les cimetières cachés de la cité
Dans l'écho d'un arbre creux
Les sorciers sont dans les marmites coutumières
Ils sont dans les liquides des feuillages sauvages
Les sorciers sont dans les lacs et les fleuves
C'est à eux ces terres sacrées
Nul ne peut les prendre en otage
Sous peine d'être noyé au tourment

La sorcellerie ne se fait pas partout
Du moins ses rituels sacrés
Les sorciers s'embarquent sur le pot de banane
Il se noie aux rives par l'écorce d'arachide
Son balai mystique l'emporte au désert
Son feu minuscule suit son chemin
Tel un lumignon perdu dans le vent
Ses esprits invisibles surveillent ses pas

***

Le sorcier est ce chien qui aboie
Sous les manguiers des voisins
Il est le pigeon roucoulant en plein été
Il est cendre à la porte du sépulcre
Le sorcier est ce hibou perché à l'arbre sacré
Ce hibou aux yeux de chat
Ce hibou qui entonne le cantique hindou
Ce hibou à la bouche de sang
Il parle tel l'ancêtre sorcier mort pendant la pluie
Le sorcier est ces pas nocturnes aux toitures
La sorcellerie est la mythologie des pauvres
Elle est sous la mare stagnante de rive étrange
Le sorcier est cet oncle envieux
Cette tante aux cheveux croupis
Ce grand-père imberbe
Cette grand-mère piteuse
Cette femme ivrogne et meurtrière
Cet homme brut au regard de marabout
Le sorcier s'endort le jour tel un maladif
Parfois après la guerre de la nuit
Il en sort battu
Ainsi tournoie ses mirettes dans le noir souvenir

***

Il est ce crocodile cannibale au bord de la rive
Il est cet appât qui grimpe au palmier
Il est le cri obstacle du cri-cri
Il est visite des moineaux…
Le sorcier est la musique triste du griot
La mort farouche d'un ancien
Le sorcier est l'infidèle d'une femme famélique
Le jeune homme barbare

Ce roi dictateur
Ces jaloux amis
Ces indifférents passagers face à la mort

***

En Afrique
Un enfant ne peut saluer le cadavre
Nul ne peut marcher pendant ce cortège
Un enfant dormir seul
Ou entrer dans une chambre sans lumière
De peur que l'on ne rencontre le mort
Oui, on peut rencontrer un mort
Au coin du mur ou sous le lit

***

La peur

J'ai entendu un grand-père dire
« Ne craignez pas les sorciers
Ils ne sont pas si forts que vous
Ils craignent ceux qui les défient
Et malmènent ceux qui les fuient »
Ces grands-pères savent le secret
Ils n'ont pas de secret à leur gendre
Quand on demande à l'africain
De ne point craindre le mort
C'est là qu'il a encore peur
Car cela peut signifier qu'il meurt
On ne peut pas ne pas le craindre
Suite à leur venin ventriloque
Les sorciers, il faut les craindre
Il faut les éviter
Il faut les fuir
Il faut quitter sa route
Hélas ! Lorsqu'en face sa face vous tremblez
Il n'existe pas de remède

***

Ne craignons pas les sorciers
Pour les puissances de maléfices
Il n'a point de bien à faire

Il n'a qu'un mal à lâcher
Craignez-le si vous avez touché à l'amulette
Craignez-le si vous êtes sans sécurité
Oui, sécurité, vous avez entendu
Grâce à ce liquide jaunâtre
Mélangé aux laves du volcan
Sécurité nocturne grâce au fil aux hanches
Sécurité diurne grâce aux cris vers le trône

***

Les sorciers peuvent vous lâcher des sorts
Qui peuvent détruire tout l'avenir
Avenir individuel ou avenir humanitaire
Parfois leur tendresse trompeuse
Nous convainc qu'ils sont des amis
Non, un sorcier n'a pas d'ami
Un sorcier n'est pas humain
Il est ce sauvage barbare
Il est la peau humaine au cœur animal
Il est morceau de poisson
Tête de l'homme et beauté de l'ange

***

La peur du sorcier est évidente
Il existe de solution pour relâcher
Fuir, ne point toucher ses amulettes
Prier tel Jésus avant sa mort
Fuyez puis ils vous auront
Ne touchez point puis ils vous suivront
Priez puis vous vous battrez
Dans tous les sens
Le sorcier n'a pas autre chose
A part envoûter, tuer, emprisonner
Nous vivrons faisant semblant de leur existence
S'ils nous veulent, nous n'irons pas
S'ils nous veulent, ils nous emporteront
Seul « Dieu » peut lutter contre eux…

***

La gynécomancie

En Afrique
Les femmes sont plus dangereuses
Prédisposées à être sorcières
Elles sont fortes aux tâches de la nuit
Quand l'homme gueule le jour
La femme, elle tord le cou la nuit
Elles sont aptes, elles sont rudes
Elles sont impitoyables, elles sont malicieuses
Elles sont brutes, elles sont grotesques
Depuis cette Afrique traditionnelle
Les vifs héros sont des femmes
Enyamba la Wadi – la veillée des femmes-
Nyemba – nom puissant de sorcière-
Sont des femmes braves
Sorcières de cycle long
Quel est le grand secret
De la rudesse de la femme ?
Toute l'Afrique en sait le sens
La sorcellerie des femmes est dangereuse
Celle de l'homme est compatissante
Une mère peut épier son fils
Une femme peut s'en prendre à son homme
Une fille peut bien tordre son père
Une grand-père qui brise son joli petit-fils
Une tante qui est la reine de ses neveux
Une sœur est monstre pour ses frères
Toute peut tordre tous
Hélas !
Quand à la fois
Vous êtes un fils, un père et un frère
Parfois un neveu ou un beau petit-fils
Un mari ou un grand-père
Vous êtes le symbole du héros tordu
Cette voisine au regard de pigeon
Peut s'enrouler dans la demeure du pauvre voisin
Tel un serpent affamé

***

Ce sont les femmes qui sont des sirènes
Elles sont celles qui tombent nues sous les toits
Elles sont celles qui ont des petits bracelets au cou

Elles ont des roulettes aux hanches
Des cauris sous la chevelure
Elles sont ces grands-mères pauvres pleurnichardes
Elles sont ces pèlerines mendiantes de la ville
Elles sont ces femmes au corps rebondissant et féminin
Elles sont ces femmes à la croupe ferme et envoûtante
Elles sont ces femmes au regard bleu
Elles sont ces catins aux cœurs d'éléphant
Elles sont ces filles aux seins dures et souples
Les femmes sont incorruptibles
Ni beauté ni bonté ne détourne leur poison
La gynécomancie
Une femme sorcière sous la liane de chevrons
Elle est autoritariste simplette
Elle est le cri de la médisance au lieu saint
Elle est celle qui chancelle au temple pendant la prière
Elle est cet amour pur et hypocrite
Elle est innocente, insoupçonnée
Cette femme agressive indifférente
Qui égorge de sa main ses propres descendants
Rend inutiles ses propres frères
Impotent son beau-fils
Condamne à la pauvreté ses petits gamins
La femme supporte parfois mieux la mort
Elle est le cri innocent pendant le deuil
Elle est pleur nostalgique au chevet du défunt
Elle est ce cri pinçant qui doit être suivi
Au deuil, elle est la larme abondante impitoyable
Elle est sévérité face à l'imprécation
La femme est la maitresse de notre mythologie
Elle se manifeste tantôt comme abeille
Tantôt un succube de bonne apparence
La femme est une légende
Elle est une puissance incontournable
Elle est despotique grâce aux fétiches sous terre
Elle est celle qui envoute son fils
L'embrasse et l'embarrasse
L'incite à une sexualité incestueuse
Inceste spirituel de rituel
Elle s'offre aux jambes du petit prêtre
Elle se largue aux yeux tremblants du bon pasteur
Elle est cette offrande volontaire aux hommes du seigneur
Elle est ces lèvres aux couleurs de sang
Elle est ces yeux de poupée

Elle est cette tendresse farfelue
La femme est la maitresse de notre mythologie
Elle git, elle se trempe dans la boue
Elle attire ce regard égaré
Pour le plonger dans sa culotte incendiaire

***

Elle concocte ses mets pimentés
Elle y plonge quelques gouttes de sang
Elle orne le plat de quelque boule d'excréments
Elle pend son mari par sa puissance de magie
Dans une bouteille l'enferme
Pour ne pas avoir un mot
Ces femmes amoureuses de bougies
Elles sont des reines la nuit
Perchée sur son trône comme un Sacré-Cœur…
Trottant ses pas dans sa tenue de sang bleu
La femme est sorcière
L'homme est victime et médecine
Point d'absolution, point d'exorcition
Tout cœur pur, elle crie de sorcellerie, je mourrai

***

Sorcelliser

Héritage…
Richesse du clan ou de race
De l'ancêtre lointain de la forêt
Au bout bonhomme de la cité
Telle une trainée, elle s'étend
De peuple à peuple, de vieillesse à jeunesse
La sorcellerie est le don de l'amour
On la donne qu'aux êtres chers
On l'offre que pour une noblesse désirée
Elle est l'art d'être uni grâce aux esprits
L'on donne à ce beau petit jeune homme
Cette fille aimée de ses parents
A cette femme martyrisée par la souffrance
A cette fille sage et pleine de pudeur
La sorcellerie est un don d'amour
L'on ne donne pas à tous mais aux élus
Car elle est richesse et sécurité

Pouvoir dans un royaume

***

Sorcellerie
Elle est transmise dans un morceau de gâteau
Dans un repas diligent
Elle est transmise dans un morceau de bois noir
Dans un petit tissu au cou
Par des visites nocturnes d'initiation
Par des cauchemars des voyages au désert
Il y en a qui prétendent : « dans le repas de la nuit »
Elle se donne grâce au petit stylo de l'écolier
A l'étoffe autour du visage
Elle est ce mouchoir noir aux mains du berger
Elle est ce message de la mort
Sorcellerie
Elle est transmise grâce aux tonnerres de la pluie
Au tourbillon indécent au pied du malade
Au vent puissant aveuglant
Aux échos de la forêt à minuit
Elle se donne…
Grâce à ces rituels sous la case des dieux
Grâce aux liquides incolores aspergés au visage de l'indolent
Grâce au couteau mystérieux garni des plumes
Par le vent de la peau du lion
Par les rayons ésotériques des poils d'un léopard affamé
Elle se transmet à la lecture de ces livres hantés
A la visite nocturne des scorpions sous le lit
Au rêve traumatiques des revenants
La sorcellerie se transmet
Grâce aux signes invisibles lancés au corps des novices
Au piège de la brousse
Aux épreuves ordaliques dans une case en fumée
Ne ramassez point d'argent en Afrique
Tout peut être onde du démon
Il peut avoir un œil au dos
Une dent sous le pied
Une oreille à l'aisselle
Le sorcier est un être monstrueux

***

La sorcellerie est transmise pendant le débat politique

A la rencontre insistante des regards
Aux attouchements suspects et suspicieux
Pendant le coït avec l'inconnu
En Afrique,
Les inconnus sont dangereux
Pendant la naissance de l'enfant
Au premier bain du nourrisson
Pendant la noyade aux rives aux temps froids
Pendant le pèlerinage sous le palmier à la croisée des chemins
A la rencontre avec la grand-mère villageoise
Pendant l'énigme à la plantation des cafés
Pendant la culture des maïs
Quand les arbres imbattables abattent
Pendant le contact avec le vieux singe noirâtre
A la pourchasse du serpent évanoui
A la rencontre du chat pendant l'aurore
Au miaulement envoûtant de l'aube
A l'entente d'un cri inconnu sortant des toilettes
A la foudre éclatée sans pluie
Ainsi tout le monde est sorcier
« Je ne suis pas sorcier… »
Pourquoi l'être
Le sorcier est toute âme douteuse
Cet orphelin bossu
Ce malheureux à la langue labiale

***

L'exorcisme

S'en détacher !
S'en défaire !
C'est l'une des corvées détonantes
Des siècles plus tôt et des générations plus tard
L'exorcisme des sorciers reste douteux
Soit qu'elle est fallacieuse
Soit qu'on s'attend à la récidive
Des jeunes aux vieux
La sorcellerie est un don
Elle est bonheur et fantasme
Elle est le regard puissant de l'invisible qui sourit
Pourquoi me débarrasserai-je
De ce pouvoir ingénu ?

***

Cette méditation repousse
Les pasteurs oints et puissants
Les prêtres sacrés et généreux
Souvent le sorcier délivre le sorcier
C'est là l'aventure ambiguë
Elle produit cette accalmie
Pour renaitre superpuissante
Pauvre ablation d'un malade heureux
Pauvre oblation d'un Dieu trompé
Pauvre ablution d'un corps à retremper
Pauvre exorcisions d'un sorcier qui se rit
Elle est la tranquillité intérieure
De ces forces barbares
Elle est ce silence mesquin
D'un diable assoiffé !
Qui ôtera ce grand bonhomme de ce petit bonhomme ?
Ce sentiment maléfique passionnant
Seul, le Dieu, celui des cieux
Ce véritable qui s'en fout du plaisir abasourdi
Nous avons entendu
Venez, nous vous arracherons
Brutalement ce morceau de viande pourrie
Qui trouble le calme de la vie
Nul n'a réussi à vaincre le vieux démon
Tous tentent en vain
Ces jours bons et élégants
Peuvent susciter nos fêtes assurées
Quand le temps passe
Le voilà qui reprend ses voiles
Rude, alors plus rude
Quand on injecte l'huile telle une pilule
Par les yeux, le nez et la bouche
On entend ces grands échos des savanes
On entend ce vieux spectre vociférer
Quand on gicle l'encens tel un parfum
Quand on prie pour cette eau bénite
Quand on rompt cette liane aux hanches
Quand on coupe ces liens par prière et rituel
Quand on étale ces peaux d'animaux
L'on claque la porte par une corne et une canne
Rendez-vous en brousse
Rien ne peut se faire à la cité

La sorcellerie peut s'abriter
Sur les toits des cases et huttes
L'on va larguer ces forces vers la mer
L'on va avec le tam-tam battant au rythme saccadé
Vers les crocodiles leurrés par les esprits
L'exorcisme est destruction d'un monde
Ce monde spirituel hostile
Créé par le sorcier pour posséder le monde

***

Lorsque la fameuse orgie s'annonce
Fête de délivrance des possédés
Tous les vieillards s'enferment avec le novice
Qui désormais raconte les mystères
Raconte les exploits de ses ex-puissances
Tout nain ou tout las
Livre le secret du grimoire et du sabbat
Les sorciers sont parfois fabulateurs
Ils deviennent des prophètes
Comme le peuple aime le prophète
Laissez-les arracher quelques pièces
Des poches affamées de la connaissance de l'avenir
Non, pas de fabulette quand un sorcier parle
Les délivrés sont reçus
Tantôt comme sauveurs, tantôt comme suspects
Sauveur parce qu'il apprend à se préserver
Suspect parce que peut récidiver sans relâche
Il raconte les exploits tel un héros
Là, ce grand public admirateur
Comme mordu dans son amour profond
Claque le doigt pour dire son étonnement
Délivrer signifie d'abord couper le lien
Ce lien spirituel à l'aide d'un fil invisible
Ces liens invisibles grâce à l'amulette du ridicule
Peaux de banane, un morceau de kaolin
Une racine d'arbre forestier
Par l'écorce d'un arbre fruitier
Délivrer c'est briser cette force intérieure
Capable d'ôter la paix
Dans tous ces cas
La délivrance est une hypothèse
Non pas une éradication victorieuse
Tout ancien sorcier est forcément sorcier

Soit de forme, soit de fond
La sorcellerie ne s'en va pas dans les bœufs
Elle reste secrète, impuissante ou latente
Elle ne peut au voyage de la nuit s'enchâsser
Elle ne peut su sang s'abreuver
Elle ne peut au mal s'en donner
Elle devient notre sorcière cette sorcellerie
Qui délivre les autres sorciers
Il faut le préserver de tout
Ce délivré est toujours notre frère
Qu'il y rentre ou en sorte
***

L'exorcisions est un charisme pastoral
Elle est la guerre avec les serpents
Elle est sortie d'une brousse prisonnière
Elle est cassure d'une bouteille de sang
Elle est sortie d'une case en fumée
Elle est vent nouveau dans un cœur indigent
Elle est éradication d'un état d'esprit

***

L'eau, sang, encens
L'huile, houille
La cendre des ossements
Les prières incessantes de minuit
Le voyage au creux de la nuit
Vers les lieux secrets et saints
Les rituels au cœur de lune
Le bain divin d'un cœur sanctifié
L'ablution d'un cœur obscur
Voilà l'exorcisions
La coupure des signaux ésotériques…

***

La mort du sorcier

Il se peut devenir un boa
Il se peut enfuir dans le rat
Il se peut transfiguré en insecte piquant
Le sorcier ne meurt pas comme tout homme
Sa mort annonce des mystères

Sa mort devient fatale pour son peuple
Il doit être vengé
Le sang innocent doit couler
Un sorcier ne peut mourir seul
Cet arbre grotesque
Ce serpent noir et rude
Ce vent impétueux
Et ces vagues muettes
Ces fleuves agités
Ce désert sec en cri
Ce lion rugissant sans dents
Ces troubles levés délavés
Ces cris des griots en fatigue
Ce sabbat abattu
Ces échos lointains au son des hiboux
Ce cadavre souriant pleurant
Sur son grabat de malheureux
Lorgne grâce aux esprits ces cris
Cris heureux défigurés
Cris joyeux d'un peuple délivré
Quand un sorcier meurt !
Du moins quand c'est vrai il meurt
Cette fête sempiternelle dans les cases malheureuses
Va dans la douceur de la terre
Même nos mères deviennent littéraires
Elles savent dissimuler leur plaisir
Dans leur angoisse tel brisé dans l'intimité
Les voilà pleines d'ironie et de métaphore
« Tu es là, à nous regarder muet
Dis-nous ton mot courageux d'un sanglier
Le lion est tombé et tout le village miséreux »
Méfiez-vous de ces pleurs du deuil
Ils sont pleins d'émotion et de poésie
Mais au fond, ils sont expression de soulagement
Quand un sorcier meurt
Du moins réellement il meurt
Car il peut s'endormir pour tromper vigilance
Alors les jeunes en fête crient au revoir
Dans leur fourberie d'innocents
Les voilà au chevet du défunt
Chanter leur gourmandise gloutonne
Tel un comédien sur scène
Lâcher des vers hilarants au contenu grincheux
Ces vers acerbes et acres

Ces vers exécrables sous sa barbe
« Il se croyait malin
Malin, malin et demi
Va, ne reviens plus car nous venons
Nous viendrons épousseter ta tombe
Par pur amour de frères
Tu nous manques certainement
Mais ne reviens plus
A jamais dans nos cœurs
Nos cœurs débordant de souvenir
Nos cœurs pleins de blessure
Blessure creusée par ta sadique envie »
Aux vieux hommes de roucouler sur leurs chaises heureuses
« Qui nous accompagnera désormais
Dans nos champs de maïs et de coton ?
Ton esprit errait tel un serpent venimeux »
Angoissé de sa fatigue et sa faim
Ainsi tantôt larmoyant
Tantôt accroché à son verre de vin sauvage
Tout le monde est si pâle
Du moins ces vers réguliers reviennent à chacun
« Va en paix saluer les ancêtres bienveillants
Tu n'as rien oublié, tout pour toi s'en est fini
Fini là, là dans ta tombe tu dormiras »
Ces phrases sont aussi spirituelles que fraternelles
Que seuls les cadavres entendent
En Afrique, au deuil, les vivants parlent aux morts
Non comme le ferait un écrivain dans ses fables
Mais ces échanges dignes et véridiques
Tel des serments, tels des hymnes d'adieu
Tout relique du sorcier calciné
Autour de sa tombe pour respirer l'odeur
Cette fumée s'envole et s'en va
Eternelle ne revient ni la nuit, ni le jour
Hélas ! quelques sorciers sont rudes
Ils meurent de corps, son esprit vif
Ils viennent penché ou perché
Dans les coins de maison ou sous les lits
Sur les arbres ou dans les vallées
Au champ ou à la rivière
Ils parlent aux rêves des intimes sœurs
Soit qu'ils menacent des hécatombes
Soit qu'ils guérissent grâce aux panacées
Là, ce sorcier devient Mukishi

Le fameux Tunzuji – spectre de taille médiocre qui apparait la nuit-
Qui parle mais l'on ne voit guère
Ainsi les chefs coutumiers lui font sa demeure
Dans une statue qui parle
Ou dans un instrument de folklore

***

Quand un sorcier meurt
Son deuil diurne dans le sabbat
Suscite des vengeances et des colères
Quelque bons petits jeunes hommes s'en meurent
Quelques vieillards s'emportent
Ainsi pour ce vent calmer
Il faut accompagner le défunt
Avec des honneurs dignes de sire
On l'enterre avec de vifs beaux jeunes gens
On l'enterre au son du tam-tam et du Lokole
Le xylophone doit ses nuits aux incantations
Les marabouts doivent leur deuil à soliloquer
Les sorciers en rage troublent leur toison

***

La mort d'un sorcier est un mystère
Tout autour des rituels incompris
Sont initiés pour la paix du village
Si les sages n'en font point de cas
Hélas ! ils livrent volontiers à la démence
Tout ce village désormais mouroir

***

Les flèches ésotériques

Le noir appelle flèches ésotériques
Toute attaque mystique
Nul ne peut tendre son arc à l'inconnu
Quand un sorcier s'en prend à l'inconnu
Il peut sa vie lâcher prise
Nos plaintes sont causées par nos sœurs
Ceux qui nous sourient et nous regardent
Même quand elle sait que vous savez
Elle s'en va vous laissant savoir

Cœur gros, cœur insoucieux
Les sorciers ne sont pas nos frères
Les sorciers resteront nos frères
Les flèches ne viennent pas de l'étranger
Chaque clan a son histoire mystérieuse
Elle en est fière
Qui conduit les fils et les « gendres »
Ces autels levés par les ancêtres
Dans les forêts de leurs cultes
Ont ces puissances des siècles plus tard
Les gardiens de ces forces sont des héritières
Héritières des mystères, sorcières conservatrices
Elles sont sentinelles de la richesse du clan
De génération à l'autre
Ces forces sont transmises aux enfants sacrés
Le sorcier de l'autre rive ne peut me tordre la nuit
Seul mon frère ou ma sœur de sang
Seul ma mère ou mon père géniteurs
Seuls mon oncle ou ma tante
Ont ce pouvoir malicieux
Ils percent le canal spirituel
Soit par des noms qui portent sortilèges
Soit un doux matériel durable de leur monde
Qui vit dans la maison avec l'œil supérieur
Soit par une visite courtoise
Soit par des querelles familiales infinies
Les uns offrent amulettes pour garder contact
Les autres sorcellisent un enfant de la maison
Pour avoir le pouvoir de proximité
De contrôle et de destruction
Un fils peut son père rendre niais
Une fille peut sa mère pendre miséreuse
Une mère peut son fils rendre sauvage
Une mère peut sa fille rendre débauchée
Chacun sait ce qu'il veut
Pour la vie du proche obscurcir
Les uns placent les marmites sur le sommet du ravin
Marmites invisibles pour des fins hostiles
Les autres font miauler le chat tout minuit
En Afrique, ainsi va la vie
Il y en a qui ont vécu sans vaincre
Ils ont été vaincus tout au long de leur vie

***

Ils viennent en songe tels des guerriers
Lâchant des arsenics mortels
Communiquant aux esprits endormis
Autant de frayeurs
Grâce aux rêves traumatisants
Quand la nuit il y a des cris
Point question d'hallucination
Le visiteur nocturne est passé
Soit qu'il vous dit l'avenir malheureux
Soit qu'il vous fait des scènes époustouflantes
Les uns ligotés par les serpents
Les autres par les vieux singes
Les uns enroulés vers les rigoles
Les autres enchainés vers l'arène
Il y en a qui combattent avec les lions
D'autres meurent en songe inquiets…
Tous ces rêves sont déposés au crépuscule

***

Ceux qui ensorcellent
Sont d'une gentillesse démoniaque
Nul ne peut penser de lui
Ces affreuses démonstrations
Des sourires lazzis
Qui trompent vigilance
Les plus méchants ont l'air leurrant et alléchant
Mais y en a dans leur anxiété
Ne peuvent rien dissimuler
Le jour comme la nuit
Ils savent souvent que c'est l'autre
Doigter le bouc-émissaire ou le héros
Alors que le drame est commandité par l'incroyable soldat
Qui ensorcelle et se dissimule
Les sorciers sont menteurs

***

Ils appellent leurs bourreaux sacrifices
Ils veillent autour et renforcent la puissance
Les sorciers sont fastidieux
Le jour miséreux, la nuit des reines et des rois
Etalés sur les allées de la ville

Tels de véritables roturiers
Sans sous, ils ont l'air des vrais amis
Ils ont au cœur des scènes désastreuses
Ils se promènent la nuit
Par ce feu de mille couleurs
Sur le doigt ou la chevelure
Ils ont des lumières qui sorcellisent
Ils sont nos maitres
Ils sont nos guides
Ils sont nos craintes
Ils sont notre joie africaine…

***

Ils ont leur fin
Ils ont leur incapacité
Ils sont limités
Tout le monde n'est pas leur proie
Leurs plans restent imparfaits
Leurs hargnes ne percent pas tout cœur
Ils ont des maitres
Telle la mort et l'innocence
La race et la religion
La hardiesse et le doute
Le refus et le délire de la jeunesse
La sorcellerie ne vaincra pas
La civilisation vaincra
Ne les brulez pas car la sorcellerie est un état d'esprit
Un état de l'âme
Un état d'incapacité à réclamer la liberté
Elle est une prison
Elle est la séduction des contraignante
Ne les brulez pas…
Ne les refoulez pas…
Ils sont fragilité et impuissance
Ils vaincront leur méchanceté
Délivrez-les contre cet esprit brut
Rachetez leurs cœurs corrompus
Ils sont nos frères
Ils collaborent avec les dieux par simple attirance
Brulez-les dans la cendre des morts
Brulez-les car leur piège hargneux
La sorcellerie n'est pas sempiternelle
Elle est force debout devant la fin…

Table des matières

François-Lambert KIYONGE 1
Qui est sorcier et qui ne l'est pas ? 9
QUI ES-TU SORCIER ? 12
La sorcellerie et la religion 16
La sorcellerie et la politique 19
La sorcellerie géronte 23
La pédosorcellerie 25
La puissance de la sorcellerie 28
Les temps 32
Les actes sorciers 34
L'envoûtement, l'emprisonnement 38
Occultrum 39
La peur 42
La gynécomancie 44
Sorcelliser 46
L'exorcisme 48
La mort du sorcier 51
Les flèches ésotériques 54

Printed by Books on Demand GmbH, Norderstedt / Germany